Ronny Ibe

Vertrauen in der digitalen Ökonomie

GRIN - Verlag für akademische Texte

Der GRIN Verlag mit Sitz in München hat sich seit der Gründung im Jahr 1998 auf die Veröffentlichung akademischer Texte spezialisiert.

Die Verlagswebseite www.grin.com ist für Studenten, Hochschullehrer und andere Akademiker die ideale Plattform, ihre Fachtexte, Studienarbeiten, Abschlussarbeiten oder Dissertationen einem breiten Publikum zu präsentieren.

Dokument Nr. V112601 aus dem GRIN Verlagsprogramm

Ronny Ibe

Vertrauen in der digitalen Ökonomie

GRIN Verlag

Bibliografische Information der Deutschen Nationalbibliothek: Die Deutsche Bibliothek verzeichnet diese Publikation in der Deutschen Nationalbibliografie; detaillierte bibliografische Daten sind im Internet über http://dnb.d-nb.de/ abrufbar.

1. Auflage 2007
Copyright © 2007 GRIN Verlag
http://www.grin.com/
Druck und Bindung: Books on Demand GmbH, Norderstedt Germany
ISBN 978-3-640-11056-8

Vertrauen in der digitalen Ökonomie

Seminararbeit im Fach Wirtschaftsinformatik

Sommersemester 2007

an der

Wirtschaftswissenschaftlichen Fakultät

der Martin-Luther-Universität Halle-Wittenberg

Inhaltsverzeichnis

1. Einleitung

Zu Vertrauen oder Vertrauen zu schenken sind Vorgänge, die zumeist eher unbewusst ablaufen. Man macht sich kaum aktiv Gedanken darüber, aus welchen Gründen jemand vertrauenswürdig erscheint oder nicht. Die Gründe für Vertrauen bleiben ebenso wie die Voraussetzungen für Vertrauensbildung im alltäglichen Leben weitestgehend unreflektiert. Im Fokus der Entstehung und Verbreitung neuer Technologien rücken solche Fragen jedoch mehr und mehr in den Mittelpunkt, schließlich kann hier nicht auf routinemäßige Vertrauensmuster wie bei lang erprobten und bewährten Verfahren zurückgegriffen werden.

Das Internet bzw. die damit verbundene Frage nach Vertrauen in der digitalen Ökonomie bietet hier ein besonders ergiebiges und weites Untersuchungsfeld. Aufgrund der enormen Möglichkeit der Partizipation, einer riesigen Anzahl von Akteuren und des hohen Grades an Anonymität sind hier einschränkende Gesetze und Regeln nur schwer durchsetzbar. Ein solcher, nahezu gesetzloser Raum, macht die Bildung von Vertrauen zu einer Notwendigkeit, jedoch zugleich zur Unmöglichkeit. Das Internet unterliegt zwar einem stetigen Wachstum, allerdings werden noch lange nicht all seine Potenziale ausgeschöpft, was stark mit der Angst vieler Teilnehmer vor emotionalem und materiellem Schaden zusammenhängt. So werden kaum Verträge über das Internet vollständig abgeschlossen oder größere Summen in reine Online-Geschäfte investiert. Der reale Kontakt scheint für viele Menschen noch immer stark von Nöten zu sein.

Auch die in den letzten Jahren durchgeführten rechtlichen und technischen Maßnahmen zur Steigerung der Sicherheit, konnten das Vertrauen der Anwender in digitale Transaktionen kaum steigern. So sind auf der Ebene der Europäischen Union seit 1997 einige gesetzgeberische Aktivitäten in Bezug auf digitale Transaktionen durchgeführt worden, was auch nationale Normen und eine zunehmende Anzahl einschlägiger Publikationen und Gerichtsentscheidungen nach sich zog. Es wurden in Deutschland allein im Zeitraum von April bis Dezember 2001 295 Aufsätze in Fachzeitschriften und Büchern sowie Dissertationen im Bereich des Internet- und Multimediarechts veröffentlicht. Im selben Zeitraum kam es auch zu 138 einschlägigen Gerichtsentscheidungen.[1]

---

[1] Vgl. [SCHUMÜ], S. 3ff.

Auch technische Maßnahmen zur Reduzierung der Unsicherheit im Internet wurden durchgeführt. Von 1998 bis 2000 erhöhte sich die Anzahl der Unternehmen, die technischer Sicherheit im Umfeld ihrer Internetaktivitäten höchste Priorität geben, von 53% auf 71%.[2] Gleichzeitig stiegen die Investitionen in technische Sicherheit stark an.

Trotz dieser rechtlichen und technischen Maßnahmen blieb ein Anstieg des Vertrauens im erwarteten Ausmaß jedoch aus und ist noch oftmals die größte Hürde zur Durchführung von digitalen Transaktionen. Eine von Commerce-Net durchgeführte Befragung von 1000 Internetanwendern aus sechs Ländern ergab, dass die größten Hindernisse zur Akzeptanz von Online-Geschäften die Faktoren technische Sicherheit und Verschlüsselung sowie Vertrauen und Risiko sind.[3] Eine andere Studie ergab für das letzte Quartal des Jahres 2001, dass gerade einmal 30% der europäischen Anwender das Internet als vertrauenswürdiges Medium zur Übermittlung von persönlichen Informationen ansehen. Mitte des Jahres 2000 waren es nur geringfügig weniger. Mehr als die Hälfte derer, die noch nie online einkauften taten dies aus Sicherheitsbedenken nicht. Aus dem gleichen Grund haben 36% der Internet-Anwender das Online-Banking noch nicht verwendet.

---

[2] Vgl. [PRICE]
[3] Vgl. [COMM]

2. Vertrauen in digitale Transaktionen

Seit vielen Jahrzehnten oder sogar Jahrhunderten wird das Thema Vertrauen aus Sicht der verschiedensten Bereiche diskutiert. So existieren Ansätze in der Management- und Marketingliteratur, der Ökonomik, der Psychologie und der Soziologie. Jedoch gerade in Bereichen der Informationstechnologie herrschen noch eindimensionale und übervereinfachte Perspektiven vor. So werden häufig die Begriffe Vertrauen (Trust) und Sicherheit (Security) synonym verwendet, obwohl es sich hierbei vielmehr um zwei komplementäre Konstrukte handelt. Bei Vertrauen handelt es sich eher um die Bereitschaft, bewusst Unsicherheit in Kauf zu nehmen, in der Hoffnung, dass mögliche negative Folgen nicht schlagend werden.[4]

Für die vorliegende Arbeit soll Vertrauen wie folgt definiert werden: „Vertrauen ist die Bereitschaft zur Erbringung einer riskanten Vorleistung, die auf der Erwartung basiert, dass Vertrauensobjekte (Personen, Systeme) die entstandene Abhängigkeit nicht opportunistisch ausnutzen bzw. sich als funktionsfähig erweisen."[5]

2.1. Funktion von Vertrauen

Niklas Luhmann, ein wichtiger deutscher Soziologe und Theoretiker der Nachkriegszeit, sieht die Hauptfunktion von Vertrauen in der Reduktion von Komplexität. Je weiter eine Gesellschaft entwickelt ist und ein Einzelner nicht mehr alle Tätigkeiten der Gemeinschaft ausüben kann, sodass er auf andere angewiesen ist, desto mehr spielt Vertrauen eine große Rolle. „In dem Masse, als eine Sozialordnung komplexer und variabler wird, verliert sie als Ganzes den Charakter der Selbstverständlichkeit, der bekannten Vertrautheit [...]. Andererseits ergibt sich aus der Komplexität der Sozialordnung selbst ein gesteigerter Koordinationsbedarf und damit ein Bedarf für Festlegung der Zukunft, also ein Bedarf für Vertrauen [...]."[6]

Vertrauen basiert auf Einzelerlebnissen. Es werden ständig Indizien für Vertrauenswürdigkeit einer Person oder einer Organisation kontrolliert. Sind diese befriedigend so wird vertraut.

---

[4] Vgl. [LUHM]

[5] [WI], S. 55

[6] [LUHM], S. 18

Werden jedoch Hinweise auf Vertrauensmissbrauch gefunden so wird dem gesamten System das Vertrauen entzogen.[7] Überdies erfolgt das Schenken von Vertrauen in kleinen Schritten. Zunächst werden kleine Vertrauensvorschüsse gewährt, wenn sich das Vertrauen später bewährt hat, lässt sich ein Individuum auf größere Risiken ein und tätigt möglicherweise höhere Investitionen.[8]

Während Luhmann Vertrauen als Voraussetzung für das Zurechtkommen eines Individuums in einer komplexen Umwelt sieht, erkennt Bornschier[9] im Vertrauen eine erforderliche Rahmenbedingung für die Entstehung einer solchen Umwelt. Es ist zunächst ein Umfeld mit einem gewissen Grundvertrauen von Nöten, um eine Akzeptanz und Übernahme von Innovationen zu ermöglichen. Der Wert solcher Innovationen kann dann erst in naher oder ferner Zukunft abgeschätzt werden, sodass sie daher einen großen Unsicherheitsfaktor in sich tragen. „Der durch Vertrauen hinzugewonnene Handlungsspielraum [...] begünstigt [...] das Ausprobieren von unkonventionellen Handlungen, die notgedrungen jenseits von Sicherheit bietenden gesellschaftlichen Routinen stattfinden müssen. Vertrauen ist essenziell für diese Unsicherheitsbewältigung, die beim Umgang mit Neuem geleistet werden muss."[10]

Eine weitere wichtige Funktion von Vertrauen im Zusammenhang mit digitalen Transaktionen ist die Kostenreduzierung. In einer neuen technologischen Umgebung existieren Unsicherheiten, da man hier nicht auf bereits erprobte Praktiken zurückgreifen kann. In diesem Zusammenhang kann Vertrauen helfen Kosten zu reduzieren, die ansonsten für Überwachung, Kontrolle und die Durchsetzung von Sanktionen anfallen würden. Die so freigegebenen Mittel können produktiv genutzt werden.[11]

Ohne Vertrauen wären sowohl digitale als auch traditionelle Transaktionen von Chaos, Angst und Nicht-Handeln geprägt. Nur wenn er vertraut, ist ein Transaktionspartner bereit, eine riskante Vorleistung zu erbringen. Genau dann übermittelt er beispielsweise seine Kreditkartennummer ohne zu wissen, wer Zugang zu ihr hat oder tätigt Einkäufe ohne die Produkte vorher physisch geprüft zu haben. Hierdurch begibt er sich in ein Abhängigkeitsverhältnis, das heißt

---

[7] Vgl. Ebenda, S. 27f.

[8] Vgl. Ebenda, S. 41

[9] Prof. Dr. Volker Bornschier, Soziologisches Institut Zürich

[10] [BORN], S. 237

[11] [VOLKEN]

er wird verwundbar. Dennoch bringt er dem Vertrauensobjekt, hier dem Vertrauensnehmer, das Vertrauen entgegen.[12]

2.2. Erhöhung des Vertrauens bei digitalen Transaktionen

Laut einer Studie von „Consumers International" (1999) wurden insgesamt 151 Bestellungen auf Websites in 15 Ländern durchgeführt. Das Resultat war, dass neun Prozent der Ware nie geliefert wurde, in 20 Prozent der Fälle war der Rechnungsbetrag höher als erwartet und bei 21 Prozent der Bestellungen gab es Probleme mit der Rückerstattung, obwohl die fraglichen Websites mit einem Rückgaberecht geworben hatten.[13] Die US Federal Trade Commision meldet einen rasanten Anstieg von Onlinebetrug und Konsumenten, die Opfer von Täuschungen sind. Während im Jahr 1997 die Anzahl der Beschwerden noch unter 1.000, so ist diese Zahl im Jahre 2000 auf mehr als 25.000 angestiegen.[14] Außerdem wurde gezeigt, dass die mediale Aufmerksamkeit hinsichtlich Sicherheitsrisiken und Onlinebetrug die entsprechenden Ängste der Konsumenten noch verstärkt.

In einem solchen von Risiken und Unsicherheiten geprägten Umfeld, müssen eCommerce-Betreiber Strategien entwickeln, um das Vertrauen zu erhöhen. Es müssen Systeme entwickelt werden, die den Konsumenten dabei unterstützen, das Ausmaß an Vertrauen weitestgehend selbst zu bestimmen, so dass sie in eine spezifische digitale Transaktion investieren.

2.2.1. Vertrauensobjekte

Das Systemvertrauen umfasst die Erwartungen des Nutzers, dass die eingesetzte Hard- und Software in den für ihn kritischen Funktionen fehlerfrei funktioniert, so dass beispielsweise Sicherheitslücken bei der Datenübertragung von Dritten nicht entdeckt und missbraucht werden. Beim Partnervertrauen hingegen wird vorausgesetzt, dass Informationsvorsprünge vom Transaktionspartner nicht zum Schaden des anderen ausgenutzt werden. Hierzu zählt beispielsweise, dass die tatsächliche Produktqualität der auf der Website dargestellten auch ent-

---

[12] [WI], S. 55
[13] [PICHLER], S. 30f.
[14] [USFTC]

spricht oder dass mit Kundendaten vertraulich umgegangen wird. Eine dritte Kategorie von Vertrauensobjekten sind Kontrollsysteme, auf die weiter unten eingegangen werden soll. Ihre Aufgabe ist es die Komplexität und die damit verbundene Unsicherheit zu reduzieren. Allerdings können diese Systeme selbst sehr komplex sein und Unsicherheit erzeugen, so dass Vertrauen der Nutzer erforderlich ist. Beispielsweise können kryptographische Verfahren zwar das Bezahlen mit Kreditkarte bei Online-Geschäften sicherer machen als es in der realen Welt ist, jedoch erzeugen sie durch ihre umständliche Bedienung und die schwierige Nachvollziehbarkeit der Funktionslogik ein Gefühl der Unsicherheit beim Anwender.[15]

2.2.2. Vertrauensbildende Signale

Im Wesentlichen gibt es drei große Gruppen von vertrauensbildenden Signalen, die im Folgenden näher erläutert werden sollen: Information, Reputation und Garantie. Ihre zentrale Aufgabe ist es, trotz existenter Unsicherheiten ein Zustandekommen einer digitalen Transaktion zu ermöglichen.

Information trägt dazu bei, Vertrauensmängel, die aus Informationsdefiziten entstehen zu beseitigen. Hierbei sind allerdings drei Dinge zu beachten: Eine Information selbst kann als nicht vertrauenswürdig eingestuft werden. Deshalb empfiehlt sich eine Kombination mit anderen vertrauensbildenden Signalen wie Reputation und Garantie. Zweitens können zu viele Informationen die Komplexität der Transaktion erhöhen, anstatt diese zu reduzieren, sodass wiederum Unsicherheiten ausgelöst werden können. Und drittens ist auch die Art und Weise des Zugangs zu den Informationen ein wichtiges vertrauensbildendes Signal. Demnach sollen sie leicht auffindbar und verständlich sein.

Reputation, das heißt der Ruf eines Systems oder einer Person, ist immer dann wichtig, wenn Informationsdefizite über das System oder Informationsvorsprünge von Transaktionspartnern nicht durch Informationen ausgeglichen werden können oder dies mit zu hohen Kosten verbunden wäre. Reputation ist ein Maß dafür inwieweit Dritte in der Vergangenheit ein vertrauenswürdiges Verhalten feststellten. Auf der einen Seite kann aus einer guten Reputation zumeist geschlossen werden, dass sich ein System oder ein Transaktionspartner auch zukünftig als vertrauenswürdig erweisen wird. Auf der anderen Seite symbolisiert die Reputation auch

---

[15] [WI], S. 59

eine Art „Pfand", denn es gilt einen guten Ruf zu verlieren, was den Transaktionspartner tendenziell davor abschreckt, sich opportunistisch zu verhalten. Reputation kann entweder aufgebaut oder übertragen werden, in etwa aus dem Offline-Bereich in den Online-Bereich. Sie kann aber auch von Dritten übertragen werden, indem beispielsweise ein wenig bekannter Anbieter seine Produkte auf einem elektronischen Marktplatz mit guter Reputation anbietet.

Im Gegensatz zur Reputation, die verhindern soll, dass eine digitale Transaktion negative Folgen für einen Transaktionspartner hat, soll *Garantie* gewährleisten, dass ein eventuell entstandener Schaden begrenzt oder kompensiert wird. Dies kann zum Beispiel durch Rücknahme- und Gewährleistungsangebote für Produkte geschehen. Genauso wie bei der Information muss das Garantieversprechen selbst als vertrauenswürdig angesehen werden, wobei wiederum eine gute Reputation der garantierenden Unternehmung hilft.[16]

Im Rahmen vertrauensbildender Signale empfiehlt die „E-Commerce User Experience" Studie der Nielsen Norman Group folgende Maßnahmen zur Erhöhung des Vertrauens:

- leicht auffindbare Informationen zum anbietenden Unternehmen

- Angabe der Preise einschließlich Steuern und Versandkosten

- ausgewogene Informationen über die Produkte

- professionelles Webdesign mit verständlichen Fehlermeldungen

- eindeutige und freundliche Datenschutz-, Sicherheits- und Rückgaberichtlinien

- kein unverhältnismäßiges Sammeln persönlicher Informationen und klare Erklärung darüber, wofür diese Daten benötigt werden

- alternative Bestellmöglichkeiten

- Möglichkeit den Kundendienst via E-Mail oder Live Chat zu kontaktieren[17]

2.2.3. Strategien zur Erhöhung des Vertrauens

Kommunikation über das Web-Interface.

Es gibt eine Reihe von Untersuchungen, die sich mit den Einfluss von Web-Interface-Eigenschaften auf die von den Nutzern wahrgenommene Vertrauenswürdigkeit beschäftigen.

---

[16] Ebenda, S. 59ff.
[17] [NIELSEN]

Eine Studie von Fogg[18] hat untersucht, inwiefern 51 identifizierte Gestaltungselemente die Wahrnehmung der Nutzer in Bezug auf die Glaubwürdigkeit einer Website beeinflussen können. Dabei ist man zu dem Ergebnis gekommen, dass es grundlegend ist, die „Realkoordinaten" des Anbieters auf der Website zu veröffentlichen, in etwa durch Angabe der genauen physischen Adresse und durch qualitativ hochwertige Bilder der Angestellten; die Website benutzerfreundlich zu gestalten; die Kompetenz des Anbieters zu belegen, in etwa durch Angabe von Qualifikationen; den ehrlichen und unbefangenen Charakter einer Website zu wahren, indem beispielsweise auch Links zu externen Quellen gesetzt werden; amateurhafte Designfehler, wie typographische Fehler oder tote Links zu vermeiden. Des Weiteren wurde konstatiert, dass Banner-Werbung von weniger angesehenen Anbietern einen weitaus destruktiveren Effekt auf die Glaubwürdigkeit hat als Banner-Werbung von angesehenen Anbietern.

Strategien zum Datenschutz.

Umfragen zeigten, dass der Schutz der Privatsphäre das wichtigste Anliegen der Internet-Anwender ist. So entstehen im Bereich Datenschutz private Dienstleister, so genannte „Anonymiser". Ein Beispiel für solch einen Anonymisierungsdienstleister ist iPrivacy[19], ein Unternehmen mit Sitz in New York, das auf seiner Website erklärt, „dass nicht einmal iPrivacy die wirkliche Identität der Nutzer ihres Services kennt". Die zum Patent angemeldete Technologie setzt auf einen iPrivacy Privatizer Server. Die Identität des Anwenders wird beim normalen Browsen geheim gehalten. Die IP, die in den Logfiles der besuchten Seiten auftaucht, lautet einfach „iprivacy.com". Wird nun ein Einkauf getätigt, so wird eine virtuelle, verschlüsselte iPrivacy Identität benutzt, lediglich die Kreditkartenorganisation weiß, bei welchem Händler der Nutzer eingekauft hat. In Kooperation mit dem US Postal Service wird auch eine Komponente integriert, die die Lieferadresse geheim hält. So kann der Kunde wahlweise die Ware bei der lokalen Post abholen oder sich nach Hause liefern lassen, wobei sein Name durch die iPrivacy Identität ersetzt wird.[20]

Selbstregulierung und Gütezeichen.

Es wurde bereits eine Vielzahl von Gütezeichen entwickelt, um über das Web-Interface Vertrauen aufzubauen. Ein Beispiel hierfür ist TRUSTe, das die Datenschutzerklärungen einer

---

[18] [FOGG]

[19] http://www.iprivacy.com/

[20] [IPRIVACY]

Website prüft und bei Einhaltung von spezifischen datenschutzpolitischen Standards der Seite gewährt, das TRUSTe-Gütesiegel zu führen.

Sicherheitsstrategien.

Die große Internet-Innovation der letzten Jahre ist das Resultat einer offenen und flexiblen Netzwerkumgebung und immer größer werdender Bandbreite und Funktionalität. Unglücklicherweise geht damit auch eine Reihe von Sicherheitsrisiken einher, die eine Gefahr für Nutzer und Händler darstellt. Obwohl Daten, die über das Internet übermittelt, abgefangen werden können, behaupten Forscher, dass richtig eingesetzte kryptographische Verfahren als Schutzmaßnahme ausreichen. Durch die Installation von Firewalls, das Überwachen von Sicherheitsalarmmeldungen und die unmittelbare Implementierung von Sicherheitspatches kann Systemsicherheit erreicht werden. Dies erfordert allerdings qualifizierte Systemadministratoren. Authentifizierungsprobleme eines Online-Transaktionspartners oder die Nachweisbarkeit von digitalen Transaktionen können theoretisch durch Public-Key-Verschlüsselungen gelöst werden. Prognosen zufolge wird bald jede Organisation und jede Person im Internet ihr eigenes Paar aus öffentlichem und privatem Schlüssel als Grundlage ihrer digitalen Identität besitzen.

Zahlungsintermediäre.

Zahlungsintermediäre können Konsumenten dadurch unterstützen, dass sie deren Risiko vorgezogenen Leistungsverhaltens mindern, welches den Konsumenten bei digitalen Transaktionen verwundbar macht.[21] Eine spezielle Form solcher Zahlungsintermediäre sind Treuhand-Dienstleister, die die Zahlung des Käufers solange zurückhalten, bis dieser die Ware erhalten und akzeptiert hat. Ein Beispiel hierfür ist der Online-Zahlungsservice PayPal des Online-Auktionshauses Ebay.

Reputationssysteme.

Solche Systeme haben sich im eCommerce-Kontext als weitere vertrauensbildende Methode entwickelt. Ein Reputationssystem sammelt, verteilt und aggregiert Feedback über das Verhalten der Teilnehmer. Aus früheren Erfahrungen mit einem Online-Transaktionspartner wird hier auf zukünftige geschlossen, sodass sich eine Maßgröße für deren Vertrauenswürdigkeit ergibt.

---

[21] [PICHLER]

3. Unsicherheit bei digitalen Transaktionen

Digitale Transaktionen werden in der Regel nur unter der Prämisse eines erwarteten Nutzens überhaupt erst in Erwägung gezogen. Ist ein solcher nicht gegeben, wird die Transaktion nicht durchgeführt, selbst wenn das Vertrauen hoch oder nur eine geringe Unsicherheit vorhanden ist. Je höher der Nutzen einer digitalen Transaktion ist, desto größer ist die Tendenz, diese auch trotz möglicher Unsicherheiten durchzuführen. Diese Unsicherheiten ergeben sich einerseits, wenn sich Systeme als nicht funktionstüchtig erweisen und andererseits aus der Tatsache, dass der Transaktionspartner aus mehreren Handlungsalternativen wählen kann. Unsicherheiten können durch technologische, rechtliche, organisatorische und soziokulturelle Kontrollsysteme reduziert werden, auf die weiter unten eingegangen werden soll. Jedoch lassen sich Unsicherheiten weder bei traditionellen noch bei digitalen Transaktionen einhundertprozentig eliminieren. Deshalb werden Transaktionen nur durchgeführt, wenn darauf vertraut wird, dass daraus resultierende, negative Konsequenzen nicht schlagend werden. Um die Bereitschaft zu steigern, digitale Transaktionen durchzuführen, müssen die Transaktionspartner zusätzlich den Kontrollsystemen vertrauen können.[22]

3.1. Arten der Unsicherheit

Im Folgenden sollen die unterschiedlichen Arten von Unsicherheiten untersucht werden, die bei digitalen Transaktionen auftreten können.

3.1.1. Systemunsicherheit

Systemunsicherheit korreliert mit der exakten Funktionsfähigkeit eines konkreten oder abstrakten Systems. Während ein konkretes System in etwa die Hard- und Software zum Betrieb eines elektronischen Marktplatzes darstellt, ist die Rechtsordnung, in der dieser Marktplatz

---

[22] [WI], S. 55

agiert, ein abstraktes System. Diese Systemunsicherheit kann oftmals von den Transaktionspartnern nicht kurzfristig beeinflusst werden und wird daher als exogen betrachtet.

Hardware- und Softwarefehler können in Form von Rechenfehlern oder falscher Aktualisie-
rung von Dateneinträgen auftreten oder auch zum Totalausfall des Systems führen. Durch
Sicherheitslücken besteht die Gefahr der Manipulation durch dritte. Sie existiert vor allem bei
der Datenübertragung oder der Datenbearbeitung sowohl bei den Transaktionspartnern als
auch bei etwaigen Intermediären, wie Internet Service Provider oder dem Marktplatzbetreiber.

Rechtsunsicherheit kann bei inkonsistenter und unvollständiger Rechtsordnung entstehen oder
aber wenn seitens der Transaktionspartner Unklarheit über die zur Anwendung kommenden
Normen herrscht. Dies tritt häufig bei grenzüberschreitenden Geschäften ein, da hier dem
Transaktionspartner nicht selten unklar ist, welches nationale Recht zur Anwendung kommt.
Ein Beispiel für Unvollständigkeit ist das Fehlen klarer Regelungen für die Wirksamkeit e-
lektronischer Transaktionen in der Rechtsordnung. Eine andere häufige Ursache für das Entstehen von Systemunsicherheit sind technologische Entwicklungen, wie Datenkommunikati-
onsprotokolle oder Datenformate. Um die Unsicherheit zu reduzieren, kommen Standards zur
Anwendung, die allerdings häufig selbst Quellen für Unsicherheiten sind. Daraus resultiert
die Frage, welche Standards sich durchsetzen werden und wie lange diese bedingt durch den
technologischen Fortschritt, die Marktmacht von Anbietern oder öffentliche Eingriffe in Kraft
bleiben.[23]

3.1.2. Partnerunsicherheit

Partnerunsicherheiten entstehen, wenn ein Transaktionspartner einen Informationsvorsprung
gegenüber dem anderen besitzt, üblicherweise also dadurch, dass ein Partner keine Möglichkeit hat, sich zweifelsfrei der Identität und der Vorgehensweisen des anderen zu versichern.
Dies kann natürlich ausgenutzt werden und den Transaktionspartner schädigen, indem beispielsweise der Vertrag nicht zeitgerecht erfüllt wird, eine Leistung mit von der Vereinbarung
abweichender Qualität, überhaupt keine oder nur vorgetäuschte Leistungserbringung erfolgt.
Da bei einer digitalen Geschäftsabwicklung eine physische Inspektion der Ware vor einem
Kauf kaum möglich ist, entstehen bereits vor der Durchführung des Leistungsaustauschs Part-

---

[23] [PIREWI], S. 64ff.

nerunsicherheiten, die sich auf die Qualität der Produkte und auf bestimmte Eigenschaften des Lieferanten bezieht. So werden aus den typischen Inspektionsgütern, deren Eigenschaften vor dem Kauf kontrolliert werden können, Erfahrungsgüter, die dann erst nach der Geschäftsabwicklung bewertet werden können. Vor allem bei schwer beschreibbaren oder nicht standardisierten Produkten rückt dieses Problem in den Vordergrund. Es können auch bestimmte Eigenschaften des Lieferanten schwieriger als beim Face-to-Face-Kontakt beurteilt werden. So entstehen beispielsweise Unsicherheiten über den Firmensitz. Faktoren, wie etwa das persönliche Gespräch oder vorhandene Geschäftsräumlichkeiten, die im Allgemeinen Unsicherheiten verringern, kommen hier nicht zum Tragen.

Digitale Transaktionen senken die Suchkosten für das Finden von potentiellen Lieferanten, sodass tendenziell eine höhere Anzahl an Austauschprozessen marktmäßig koordiniert werden können.[24] Dies führt zu einer Vielzahl an neuen Lieferanten und die durchschnittliche Erfahrung mit einzelnen Lieferanten sinkt, wodurch die Unsicherheit, ob der jeweilige Lieferant die in ihn gesetzten Erwartungen erfüllt, steigt.

Partnerunsicherheit entsteht auch während der Abwicklung der digitalen Transaktion dadurch, dass bestimmte Handlungen des Transaktionspartners weder beobachtet noch richtig interpretiert werden können. Vor allem der Bereich des Datenschutzes zählt hierzu. Der Händler kann zwar beteuern die Kundendaten vertraulich zu behandeln, sie aber dennoch missbrauchen indem er sie an Dritte weitergibt. Später ist es dem Kunden nicht mehr möglich nachzuvollziehen ob etwaiges Spamming auf diesen Missbrauch der Daten zurückzuführen ist. Vertragsunsicherheit beinhaltet Unsicherheiten die im Zuge der Vertragserfüllung entstehen, wenn Informationsvorsprünge, etwa über die zur Anwendung kommenden Rechtsnormen, vom Transaktionspartner opportunistisch ausgenützt werden.

Ein letzter Aspekt der Partnerunsicherheit ist der so genannte Lock-in-Effekt. Hierbei geht es darum, dass spezifische Investitionen, die zur Ermöglichung des Leistungsaustauschs nötig waren, hinterher vom anderen Transaktionspartner ausgenutzt werden. Dies geschieht zum Beispiel indem er später seine Leistungen verschlechtert und die Abhängigkeit des anderen ausnutzt.[25]

---

[24] [MAYABE]
[25] [SHVA]

3.2. Kontrollsysteme zur Reduzierung von Unsicherheiten

Kontrollsysteme sollen die Wahrscheinlichkeit verringern, dass System- oder Partnerunsicherheiten schlagend werden. Dies passiert durch Einschränkung möglicher zukünftiger Funktionen von Systemen und Handlungsalternativen von Personen. Sie wirken somit komplexitätsreduzierend und verringern den Grad der Unsicherheit. Bei umfassenderen Formen von digitalen Transaktionen und damit verbundenen komplexen Unsicherheitssituationen jedoch ist sowohl ein Ausbau der Kontrollsysteme als auch eine Steigerung des Vertrauens notwendig.[26]

3.2.1. Technologische Kontrollsysteme

Durch technologische Kontrollsysteme soll ein opportunistisches Verhalten eines Transaktionspartners verhindert werden und zugleich sichergestellt werden, dass sich ein System als funktionsfähig erweist. Um die Funktionsfähigkeit von Hard- und Software zu gewährleisten, werden vor allem fehlertolerante Rechnersysteme und formale Beweismethoden im Software Engineering verwendet. Mit Fehlertoleranz ist hier die Eigenschaft eines technischen Systems gemeint, seine Funktionsweise auch dann aufrecht zu erhalten, wenn unvorhergesehene Eingaben oder Fehler in Hard- oder Software auftreten. Fehlertoleranz erhöht die Zuverlässigkeit eines Systems und kann auf verschiedenen Ebenen erreicht werden. So kann die Fehlertoleranz hardwaretechnisch, softwaretechnisch oder auch aus einer Kombination von beiden im System verankert sein. Während auf Hardwareebene beispielsweise eine elektronische Schaltung durch Hinzufügen von Redundanz fehlertolerant gemacht werden kann, so geschieht dies auf Softwareebene durch folgende Maßnahmen:

- Design-Diversität: verschiedene Implementierungen desselben Algorithmus laufen parallel

- Daten-Diversität: mehrfache Bearbeitung der leicht modifizierten Eingabedaten (z.B. gut gegen Rundungsfehler)

---

[26] [WI], S. 56

- Temporale Diversität: ein Algorithmus wird mit denselben Daten mehrfach aufgerufen (z.b. wirkt kurzzeitigen Hardwarefehlern entgegen)[27]

Netzwerk- und Computersicherheit verringern Sicherheitslücken und Open Source die Gefahr des Lock-in-Effekts.

Besondere Bedeutung im Rahmen technologischer Kontrollsystem ist den kryptographischen Verfahren und den digitalen Signaturen zuzuschreiben. Mit dem Verschlüsseln von Information stellt man die Vertraulichkeit und den Zugriffsschutz bei Transport und Speicherung sicher, sodass nur berechtigte Personen in der Lage sind, die Daten oder die Nachricht zu lesen oder Informationen über ihren Inhalt zu erlangen. Eine digitale Signatur ist ein kryptographisches Verfahren, bei dem zu einer Nachricht eine digitale Signatur durch eine eindeutige Rechenvorschrift berechnet wird. Sie garantiert die Integrität und den Änderungsschutz dieser Informationen. Bei digital signierten Daten ist der Empfänger in der Lage festzustellen, ob sie nach ihrer Erzeugung verändert wurden. Das damit verknüpfte digitale Zertifikat bestätigt die Echtheit der in der Signatur angegebenen Identität, sodass der Urheber der Daten oder der Absender einer Nachricht eindeutig identifizierbar ist und somit die Authentizität sichergestellt ist. Auf Grundlage von Authentizität und Integrität ist auch eine gewisse Verbindlichkeit und Nichtabstreitbarkeit vorhanden, weil eine Urheberschaft der Daten nicht abstreitbar und gegenüber Dritten nachweisbar ist. Aus diesem Grund ist es einen Transaktionspartner nicht möglich eine getätigte Transaktion zu leugnen.[28] [29]

Die asymmetrische Kryptographie ist ein Verfahren, bei dem beide kommunizierenden Parteien ein Schlüsselpaar besitzen, dass aus einem geheimen Teil (privater Schlüssel) und einem nicht geheimen Teil (öffentlicher Schlüssel) besteht. Mit dem privaten Schlüssel hat sein Inhaber die Möglichkeit z. B. Daten zu entschlüsseln, digitale Signaturen zu erzeugen oder sich zu authentifizieren. Mit dem öffentlichen Schlüssel kann jedermann Daten für den Schlüsselinhaber verschlüsseln, dessen digitale Signaturen prüfen oder ihn authentifizieren. Die Kommunikationspartner benötigen hier keinen gemeinsamen, geheimen Schlüssel, wie es bei der symmetrischen Kryptographie der Fall ist.[30] Die asymmetrische Kryptographie stellt Verfahren bereit, um Berechtigungen für die Durchführung digitaler Transaktionen auszustellen. Ein

---

[27] Vgl. [WIKI]

[28] Vgl. [WI], S. 56f.

[29] Vgl. [WIKI]

[30] Vgl. [WIKI]

Beispiel hierfür sind Credentials, worunter ein digital unterschriebenes Dokument zu verstehen ist, bei dem die Berechtigung nicht an die herkömmliche Identität des Transaktionspartners gebunden ist, sondern an den öffentlichen Schlüssel, sodass eine Berechtigung für eine digitale Transaktion auch anonym in Anspruch genommen werden kann. Trifft man geeignete Vorsorgemaßnahmen, so kann die Anonymität bei einem Missbrauch und auch nur dann wieder aufgedeckt werden.[31]

Ein letzter Aspekt im Zusammenhang mit technologischen Kontrollsystemen ist die Gewährleistung von Fairness. Dies geschieht durch die Anwendung geeigneter Protokolle, die sicherstellen, dass keine der miteinander interagierenden Parteien unlautere Vorteile bei der Nutzung der technischen Infrastruktur erzielt. So soll beispielsweise bei einer Vertragsunterzeichnung per digitaler Signatur garantiert werden, dass alle Vertragspartner gleichzeitig unterzeichnen, so dass sich nicht nur einige Parteien gebunden fühlen, während andere noch die Möglichkeit haben, bessere Abschlüsse zu finden.[32]

3.2.2. Rechtliche Kontrollsysteme

Rechtliche Kontrollsysteme schränken den Handlungsspielraum von Personen ein, so dass sie sich in einer bestimmten Art und Weise verhalten. Das geschieht durch Androhung von Sanktionen bei Missbrauch. Hierdurch wird eine Komplexitätsreduzierung bewirkt.[33]

Dabei ist wichtig, dass in einem funktionierenden rechtlichen Kontrollsystem der Gewinn, der durch opportunistisches Verhalten entsteht geringer als der Mögliche Verlust durch die angedrohten Sanktionen ist. Es gibt eine Menge rechtliche Maßnahmen zur Reduzierung von Unsicherheiten in der digitalen Ökonomie, u. a. das IT-Vertragsrecht, Softwarerecht, Produkthaftungsrecht, Datensicherheitsrecht, Datenschutzrecht oder das Signaturrecht um nur einige zu nennen.

Im weiteren kann Partnerunsicherheit beispielsweise durch Auszeichnungsvorschriften hinsichtlich der Qualität der Produkte, entsprechende Rückgabemöglichkeiten, Informationspflicht über die Transaktionspartner, Richtlinien im Umgang mit personenbezogenen Daten

---

[31] [BISKUP], S. 2

[32] [WI], S. 57

[33] Vgl. [LUHM], S. 41ff.

oder vertragsrechtliche Regelungen reduziert werden. Weiterhin können rechtliche Kontrollsysteme auch Systemunsicherheit reduzieren, indem zum Beispiel die Betreiber von Hard-
und Software im Falle eines Systemausfalls zur Verantwortung gezogen werden. Somit wird
ein größerer Anreiz zur Investition in Ausfallsicherheit und Funktionalität geschaffen.[34]

3.2.3. Organisatorische Kontrollsysteme

Durch die Einführung von bestimmten organisatorischen Rahmenbedingungen in der Inter-
netökonomie kann Systemunsicherheit reduziert werden. So wird beispielsweise die Systemunsicherheit durch Hardware- und Softwarefehler sowie Sicherheitslücken durch den globalen
Sicherheitsstandard ISO 17799 reduziert. Diese Norm beinhaltet diverse Kontrollmechanis-
men, die der Informationssicherheit dienen. In ihr sind zehn Abschnitte verankert, die unter
anderem die Vorkehrungen bei Systemausfall, die Zugriffskontrolle oder die Organisation des
Sicherheitsmanagement regeln. Unternehmen, die sich nach der ISO 17799 zertifizieren lassen, können bei der Vergabe von Aufträgen vor anderen Unternehmen ohne eine solche Zerti-
fizierung bevorzugt werden. Es kommt immer häufiger vor, dass bei Ausschreibungen eine
ausgewiesene Informationssicherheit gefordert wird.[35] Des Weiteren gibt es unterschiedliche
Gremien zur Reduzierung von Systemunsicherheiten wir zum Beispiel die ISSEA[36].

Partnerunsicherheiten können mit organisatorischen Kontrollsystemen reduziert werden, indem die Wahrscheinlichkeit opportunistischen Verhaltens reduziert wird. Dies kann durch ein
routinemäßiges Einholen von Lieferantenauskünften bei unabhängigen Dritten geschehen.

3.2.4. Soziokulturelle Kontrollsysteme

Mit einem soziokulturellen Kontrollsystem sind im Allgemeinen die Werte und Normen eines
sozialen Systems gemeint. Zusammengefasst wird es auch häufig unter dem Begriff des Sozi-
alkapitals diskutiert. Auch für digitale Transaktionen können diese Werte und Normen über-
nommen werden, etwa dass Verträge pünktlich zu erfüllen sind oder Vertrauen nicht miss-

---

[34] [WI], S. 58

[35] [ISO17799]

[36] International Systems Security Engineering Association

braucht werden soll. Schließlich bestimmen soziokulturelle Kontrollsysteme mit, inwieweit funktionsuntüchtige Systeme zu Schaden führen oder Transaktionspartner sich tatsächlich opportunistisch verhalten. Problematisch hierbei ist, dass die durch das Internet und die digitalen Transaktionen forcierte Globalisierung dazu führt, dass zunehmend Transaktionspartner aus unterschiedlichen soziokulturellen Systemen aufeinander treffen. Dies kann in einer Divergenz zwischen der Erwartungshaltung eines Transaktionspartners und dem tatsächlichen Handeln des anderen münden, was eine Erhöhung der Komplexität einer digitalen Transaktion bedeuten würde.[37]

---

[37] [WI], S. 59

4. Aktuelle Herausforderungen für Theorie und Praxis

4.1. Konvergenz von technischen und rechtlichen Kontrollsystemen

Um sowohl Partnerunsicherheiten als auch Systemunsicherheiten effizient reduzieren zu können ist eine zunehmende Konvergenz von Technik und Recht notwendig. Ein Beispiel hierfür ist der Schutz von digitalen Inhalten. Die Anbieter solcher Inhalte, z.b. Medien- oder Softwareunternehmen, müssen auf die korrekte Nutzung vertrauen und sehen sich somit einer erhöhten Partnerunsicherheit ausgesetzt. Aus diesem Grund wird vermehrt versucht, die angebotenen Werke und Leistungen technisch zu schützen. Eine Möglichkeit bietet hier der Einsatz von Watermarking. Diese digitalen Wasserzeichen erlauben es, zusätzliche Informationen in einen digitalen Inhalt einzubetten. Man unterscheidet wahrnehmbare (z.b. Firmenlogos) und nicht wahrnehmbare Wasserzeichen. Letztere zeichnen sich dadurch aus, dass sie „versteckt" in digitalen Daten vorliegen. Das heißt, weder die eingebetteten Information noch die damit verbundenen Änderungen am Originalinhalt bewirken eine für den Betrachter bzw. Hörer merkliche Qualitätsverschlechterung oder Veränderung des Inhalts. Mit diesen Informationen ist es dann möglich, den Urheber der Inhalte zu identifizieren. Watermarks lassen sich auch in Digital Rights Management Systemen (DRMS) einsetzen. Diese Systeme stellen eine technische Sicherheitsmaßnahme dar, um einen Rechteinhaber von Informationsgütern die Möglichkeit zu geben, die Art der Nutzung seines Eigentums auf Basis einer zuvor getroffenen Nutzungsvereinbarung technisch zu erzwingen. Beispielsweise hat Microsoft ein US-Patent auf ein Betriebssystem mit integriertem DRMS erworben.

Jedoch sind all diese technischen Schutzmaßnahmen in der Praxis vor Umgehung nicht sicher. Deshalb ist ein rechtlicher Rahmen zum Schutz dieser Maßnahmen wichtig. An dieser Stelle sind die rechtlichen Kontrollsysteme gefordert. Weltweit wird daher versucht, einen ergänzenden Rechtschutz einzuführen, der eine Umgehung der technischen Schutzmaßnahmen zusätzlich erschwert. Zum Beispiel ist in der Urheberrechtlinie der EG in Art. 6 Abs. 1 festgehalten, dass alle Mitgliedstaaten verpflichtet sind, einen angemessenen Rechtschutz

gegen die vorsätzliche bzw. fahrlässige Umgehung wirksamer technischer Schutzmaßnahmen vorzusehen. [38]

4.2. Vertrauen als Wettbewerbsvorteil

Vertrauen kann im Rahmen digitaler Transaktionen einen wichtigen Wettbewerbsvorteil darstellen. Die beiden traditionellen Quellen von Wettbewerbsvorteilen sind Kostenführerschaft und Differenzierung. Eine Kostenführerschaft ist in der digitalen Ökonomie tendenziell schwieriger, da Internetanwendungen kurzfristig von Mitbewerbern nachgeahmt werden können. Ebenso wird eine Produktdifferenzierung schwieriger, da Produkte klar beschreibbar sein müssen, um auf elektronischen Märkten gehandelt werden zu können, was deren Standardisierung vorantreibt. Somit sinkt auch ihre Spezifität. Wenn also Unternehmen Produkte mit ähnlicher Qualität und ähnlichem Preis anbieten, dazu noch ähnliche Kontrollsysteme zur Reduzierung der Unsicherheit von digitalen Transaktionen einsetzen, so rückt Vertrauen als zentrales Differenzierungsmerkmal und somit als Quelle für Wettbewerbsvorteile näher in den Fokus. [39]

4.3. Vertrauen als Gegenstand von Geschäftsmodellen

Vertrauen wirkt sich nicht nur auf bereits bestehende Geschäftsmodelle, sondern ermöglicht auch gänzlich neue. Der Grundgedanke dieser Geschäftsmodelle besteht darin, dass die bereits erwähnten Vertrauenssignale nicht ausreichend glaubwürdig sind, sofern sie von demjenigen kommen, der damit Vertrauen aufbauen möchte. So behauptet in etwa jeder Händler von sich, dass seine Produkte der ausgewiesenen Qualität entsprechen und pünktlich geliefert werden. An dieser Stelle können vertrauenswürdige Dritte (Trusted Third Party) einen gewissen Grad an Sicherheit und Glaubwürdigkeit bestätigen. Meist sind solche Trusted Third Parties Zertifizierungsstellen im Zusammenhang mit elektronischen Signaturen, die allerdings nichts über andere Unsicherheitsfaktoren, wie den Lock-in-Effekt oder die Vertrauenswürdigkeit hinsichtlich Produkt- und Lieferantenqualität aussagen. An dieser Stelle versuchen die

---

[38] Ebenda, S. 62
[39] Ebenda, S. 63

bereits oben erläuterten Aussteller von Gütezeichen die Lücke zumindest teilweise zu schließen.

Im Zusammenhang mit den vertrauensbildenden Signalen lassen sich auch noch weitere Geschäftsmodelle erkennen. Beispiele dafür sind:

- Finanzdienstleister, die Abwicklungs- und Garantiefunktionen in der Zahlungsabwicklung übernehmen

- Entwickler und Betreiber von Reputationssystemen

- Marketingagenturen, die sich auf vertrauensbildende Informationen sowie Aufbau und Nutzung einer positiven Reputation spezialisieren

- Information broker: privatwirtschaftliche selbstständige Informationsunternehmen, die gegen ein Honorar die Erledigung des Zugriffs und die Auswertung von Informationsrecherchen übernehmen[40]

---

[40] Ebenda, S. 64

5. Zusammenfassung

Sicherheit und Vertrauen im Rahmen der digitalen Ökonomie stellen eine zentrale Herausforderung an die Wirtschaftsinformatik dar. Mangelndes Vertrauen ist noch oftmals die größte Hürde zur Durchführung von digitalen Transaktionen. Aus diesem Grund müssen Strategien entwickelt werden, um sowohl das Vertrauen in das System als auch das Partnervertrauen zu erhöhen. Hierbei spielen die vertrauensbildenden Signale Information, Reputation und Garantie eine wichtige Rolle. Ein anderes großes Problem, das die Bereitschaft zur Durchführung einer digitalen Transaktion hemmt, sind die damit verbundenen Unsicherheiten. Hier sind Systemunsicherheit und Partnerunsicherheit zu nennen. Durch technologische, rechtliche, organisatorische und soziokulturelle Kontrollsysteme sollen solche Unsicherheiten reduziert werden.

Die aktuellen Herausforderungen bestehen darin eine Konvergenz aus technischen und rechtlichen Kontrollsystemen zu schaffen um Unsicherheiten reduzieren zu können. Im Zeitalter der digitalen Ökonomie kann der Faktor Vertrauen auch als Wettbewerbsvorteil genutzt werden und ist Gegenstand völlig neuer Geschäftsmodelle.

Literaturverzeichnis

[BISKUP]   Biskup, Joachim: Credential-basierte Zugriffskontrolle: Wurzeln und Ausblick.
             Universität Dortmund: 2002
             http://ls6-www.informatik.uni-dortmund.de/issi/archive/literature/2002/
             Biskup:2002a.pdf; 14.05.2007

[BORN]   Bornschier, Volker (2001): Generalisiertes Vertrauen und die frühe Verbreitung
             der Internetnutzung im Gesellschaftsvergleich. In: Kölner Zeitschrift für Sozio-
             logie und Sozialpsychologie 26, H. 2, S. 373-400.

[COMM]   CommerceNet: Barriers to Electronic Commerce.
             http://www.commerce.net/research/barriersinhibitors/2000/
             Barriers2000study.pdf; 01.05.2007

[FOGG]   Fogg, B.J., Marshall, J., Laraki, O., Osipovich, A., Varma, C., Fang, N., Paul,
             J., Rangnekar, A., Shon, J.,Swani, P., & Treinen, M. (2001). What Makes A
             Web Site Credible? A Report on a Large Quantitative Study.
             Proceedings of ACM CHI 2001 Conference on Human Factors in Computing
             Systems. New York: ACM Press. Seattle, WA (USA), 31 March- 5 April, 2001:
             61-68, ACM Press.

[IPRIVACY]   Schutz der privaten Daten als Geschäft. 2000
             http://www.ecin.de/news/2000/09/13/00271/; 01.06.2007

[ISO17799]   DIN ISO 17799 - der globale Sicherheitsstandard.
             http://www.datalog.de/fileadmin/template/images/content/kompetenzen/it-
             security/Security_DIN-ISO_17799_Flyer_view.pdf; 17.05.2007

[LUHM]   Luhmann, N.: Vertrauen. Ein Mechanismus zur Reduktion sozialer Komplexi-
             tät. Stuttgart 2000.

[MAYABE] Malon, T. W.; Yates, J. A.; Benjamin, R. I.: Electronic markets and electronic hierarchies. In: Communications of the ACM 30 (1987) 6, S. 484-497.

[NIELSEN] Nielsen, J., R. Molich, C. Snyder und S. Farrell: „ECommerce User Experience". Technical Report, Nielsen Norman Group. 2000.

[PICHLER] Pichler, Rufus: Trust and reliance-enforcement and compliance: Enhancing consumer confidence in the electronic marketplace. Stanford University: May 2000
http://www.oecd.org/dataoecd/0/18/1879122.pdf; 25.05.07

[PIREWI] Picot, A.; Reichwald, R.; Wigand, R. T.: Die grenzenlose Unternehmung: Information, Organisation und Management. Wiesbaden 2001.

[PRICE] PricewaterhouseCoopers und InformationWeek, IT-Security: Wo sind Ihre Schwachstellen? 2000.

[SCHUMÜ] Schuster, F.; Müller, Ulf; Drewes S.: Entwicklung des Internet- und Multimediarechts von April bis Dezember 2001: In: MultiMedia und Recht-Beilage (MMR) (2002).

[SHVA] Shapiro, C.; Varian, H. R.: Information rules: A strategic Guide to the Network Economy. Boston, MA, 1999.

[USFTC] Boom in E-Commerce Has Created Fertile Ground for Fraud: FTC
http://www.ftc.gov/opa/2001/05/iftestimony.shtm; 25.05.07

[VOLKEN] Volken, Thomas (2002): Elements of Trust: The Cultural Dimension of Internet Diffusion Revisited. In: Electronic Journal of Sociology, 6, H. 4.

[WI]   Petrovic, Otto; Fallenböck, Markus; Kittl, Christian; Wolkinger, Thomas: Ver-
            trauen in digitale Transaktionen. In: Wirtschaftsinformatik 45/2003, S.53-66.

[WIKI]   http://de.wikipedia.org/wiki/Fehlertoleranz; 09.05.07,

            http://de.wikipedia.org/wiki/Kryptografie;11.05.07,

            http://de.wikipedia.org/wiki/Digitale_Signatur;11.05.07,

            http://de.wikipedia.org/wiki/Digitales_Zertifikat;11.05.07.

            http://de.wikipedia.org/wiki/Asymmetrisches_Kryptosystem; 12.05.07

www.ingramcontent.com/pod-product-compliance
Lightning Source LLC
LaVergne TN
LVHW042256060326
832902LV00009B/1078